CADA VEZ EL INICIO

CADA VEZ EL INICIO

JORGE ESLINAR

Valparaíso
EDICIONES

Número 557 de la Colección VALPARAÍSO DE POESÍA
dirigida por FEDERICO DÍAZ-GRANADOS

Diseño de la colección: Chari Nogales
Maquetación: Ciclo Creativo
Imagen de portada:Emma Linares

Primera edición: marzo de 2026

© De los poemas: Jorge Eslinar

© Valparaíso Ediciones
C/ Fray Leopoldo, 7 bajo, 18014 Granada
www.valparaisoediciones.es

ISBN: 979-13-88007-39-2
Depósito Legal: GR 212-2026

Impreso en España - *Printed in Spain*
Gráficas Gami

CADA VEZ EL INICIO

Para Emma, Paolo y Andrea
Para Elvira y Daniela
Para las tintas contiguas que editan, traducen y balbucen

EXERGO

Un libro
en el que quepan
las hojas que caen.

POEMAS DECLARACIONES

PIZCA

Cuando ardemos
alumbramos
En ese furor
distinguimos nuestros límites
pero el fuego necesita liberarse
destruir los ángulos que nos moldean
alcanzar el innombrable universo de las cosas.

Y

Con roce de mano

voy a contarte ahora

      cómo jala
      aquella marea
      de lo inexpresivo

que cada vez
   ha sido búsqueda ciega
y secreta
de cómo se yuxtapone

     lo que existe
            entre el número uno
y el número dos

de cómo se traza la línea del fuego
y el misterio
    línea subrepticia
        entre dos notas
y aparece
      una tercera nota

    que adyace
como novedad

Entre granos de arena por más juntos

existe un intervalo
     de espacio
y tiempo
           un sentir que aparece
        en los intersticios
     de la materia primordial
la línea loca
que es
         respiración
y continuidad de mundo
         aquello que oímos
y llamamos
sin saberlo.

ANTE

El agua que cae
y esa sangre
que desliza
baba que se desprende
de lengua
leche de árbol
de árbol
semilla que rueda
por hoja
quebrado polvo que rueda
en más
diminuto polvo

Ante toda esa verticalidad
tarde
y más tarde
en su circuito de charco
le resplandece la
(y ahora un enmudecimiento).

AD-VERTIR

Las hojas que caen
sobre el cuenco de la sangre seca
por debajo de la hoja ver
la extrañeza de las manos hechas

en las hojas que caen
en ese tiempo de la mano quieta
con hoja que escapa a la cosecha
de una sangre seca
y deja blanca
la extrañeza
por debajo de las manos hechas

la cosecha de las manos secas
por debajo
escapa
y deja blanca
la sangre extraña

Después de mil
o antes
de nuevo advertir
en la extraña hoja
la cosecha
de las manos
por debajo
de la sangre seca.

POEMAS DEL DJAO

I
¿Cuánto caos en la palabra mañana?
Decir aire
como decir nada
o decir grito de niña
un más o menos caos
una regularidad
un desastre
una simple sustitución
una sombra
que por ahí anda   con su carne
pero no un caos
o un caos sí
con un cuánto de caos
Decir aire como decir
volutas que vuelven
o se van del alegre bosque
o del triste páramo.

II
Brama vaga
brisa turbia
numen
ojo
salador
giro
del acróbata inexperto
arante de la piedra
armada de llantos

aún no te haces
no crepitas
dulzuras a lo lejos.

III
En ángulos   centelleos
en apartado   fiebres
en cercanía   esquinas fuego
calar
de pétreas
luminosa
y oculta
tendencia
virtualidad sin cara
de casi color
no-color
todavía
no habitas.

IV
¿Llegarás o no
a zurcir el hilo
e izar la vela?
mientras
  sobre piedra tempesta
  en profundidad despliega
  en intimidad líneas de enganche
  honda y temprana
  brisa diligente
    con roce de piedra la madura
    al centellar la aurora da dibujo
    volcada sobre su paso
    danza navegante
    martajada de sombra y sueño
    emerge desbordante
    desde una profundidad ignorada
    produce
    herida nuclear
    que insufla volumen
    al paisaje
    listón aéreo
    distraído del surco
     avista la roja hirviente
    sobre el azul negro abisal
        y trenza
        el mar de furia que late
        con el reposo de una fuerza
        para habitar la línea de novedad.

V
Ahora llegas
dicen que has llegado
o no
te confundieron
¿te criaron?

   de la matriz de boca
   y el ojo especular
   ante las puertas
   de la bestia amarga
   e imposible
        con un manto de flores sobre una mancha
        jura entonces un canto breve y pleno
limen de los oleajes
       Criatura.

POEMAS DEL PNEUMA

Cada vez aquí
  tú
    o ella
ellas
en ese aire
que va y viene
que a veces reclama
deniega
    y a veces
dibuja las líneas de continuidad
o tuerce
o se borra

siempre o cada vez
tú
precipitas
en demasiado interior
y oscuridad
  tú
    o ella
que crea
en inversión de materia
un fuego

y entonces
que se lea
en los desgastados letreros del mundo
la posibilidad

Y ahí
antílope de zanjas
o topo de las siembras
son ya la fuerza aquella
    el ingrávido que se lanza al polen
    o el grave que se ancla
    y retuerce
    tozudo
    en mineral
    enraizado
    o camino de hormigas
    fruto
    o en putrefacción
    alimento
    de los aéreos
    y de los vagos
    de la salpicada
    multirostros
    acacia
    o hilo grueso
    que se extiende

ella o tú
ellas
algo esconden en su centro
¿sin?

ella
en su néctar
en su polvo
en su amarillo

no se sabe qué
ellas

pero huele
y ese baile
                de
se mira
desde la pizca
de aquí

   esa marea que va
con la línea de quienes caminan y se pierden

Desea ella
ellas
deseaban ellas
dejar su traza
y colar
se
 en días
y meses
hasta el cuartito
profundísimo
de la pizca.

Ahí

tocan
tuercen
y forjan
la línea
de un aliento
breve
muy breve
que
han
asido
con
sus hijos
sus sueños
y la cascada de su habla.

POEMAS DEL PANTANO

Entre
lajas vapuleadas
estiradas en lisa
deseadas
por recuerdo
o por intento
por aquel
lagarto seco desdeñoso
y por
la alondra ventura de triunfo
mareas señuelos
en aliento surcan
una el mar de la otra

límpido labio
veloz
en cima
pausada
en lo bajo
lava y corona
la bóveda sedienta
de la hendidura escarlata

El glauco aroma de peces
enerva
andante
el propio
y poco musgo

tremendar cíclico
en que ingiere y vacía esta gloria

Distantes
se inundan
dientes arquean
en el flujo
hábiles
en sus danzas
rodean el lodo de los cedros
cubren con flores
las larvas

Sin rendición
—de espalda
apenas
roce
de aliento
giro—
la mirada ignoran

El lagarto se yergue en áspera escama

La mortal alada
prueba en su aliento lo extraño

La que mira el polvo de guerra
La que danza en el circuito rojo
sacuden de mar su encuentro
goteando
sal

del martirio originario
Un hilado fino
cuida su reposo
    de los musgos
    de los ruidos
    de los velos

Turbio pantano
lago
circuito
valle
pequeños islotes de flores

    La voladora rema la calma
    la andante casi quieta
    mira
    en su recuerdo
    nada

    Y al ojo invertido y abismal
    recubre
    la luna

Se acumula en las cimas
la blanca

Todo nace y se origina
por primera vez y siempre.

POEMAS DE LA HERIDA

I
Los rumores de las orillas
balancean las historias
entre la gloria
y la muerte
sur saliva de oro
norte dura pena de nada
orientes embriagados
lentamente
arrinconan
la verdad
ante
el curioso celo del astro
se movilizan
en el hilado del bicho laborioso
un trenzado de yerbas y secretos
juegos de piernas
de codos
de sacos
y de cristales
dispersos
en los nidos de águila
en la trama descubierta de raíces
y en el andar
del lobo

ritmos
descansan
construyen con el resto de su fuerza
las rapsodias del valle

Hacia el fondo
abisal
el breve fingir
del astro
vigila en cumbre
y pronto
lanza su grave sospecha
y su modo de guerra

Del ojo al brazo
del hombro al dedo
en barrida de tumulto
ocurren
las danzas
de los inquietantes
hijos
de la ira
al sacudirse las esquinas
de los registros
caen tormenta
de espinas
en las pasajeras de los susurros

quebrados
fúricos castigan
    a la que sueña
    los muslos

degüellan
    a las sintientes
    a las nuevas preñadas
tribus del alarido
    flujos nutricios
    brotan de los cuellos

luna y marea
crecen
perros ladran
truenos a las sombras
qué saliva
y qué venganza llueve
agria
sonora exigencia
¡sean
cubiertas
borradas
aclaradas
las aletargadas negras!
luz de absoluta
proclama victoria
del alto
    mientras
    en silencio
    las sombras

estiradas
balancean
su reposo
en tímido vaivén de agua

Nada hay aquí
para
astros
que también
arden y colapsan

En sutil vigilia
en perdida mirada
intactas de clamor vengante
en inercias
de viaje
de vapores pausa
de apenas sonido
    concuerdan
    en la distancia
    y amanece
    Llueven
    en hoja
    tajos
    de las generosas mortales que madrugan
    y de nuevo empeñan rutina
    en donar
    el primer alimento
    transforman
    ceniza en granos
    rumor en fresnos

manzanos
zarzas
mangos
Reino matinal
que avisa
y marca la aurora

Allá va la parvada
los caballos ditirambos
las del agua
de la forma de aguaforma
los ciervos tímidos que siempre
sólo abrevan
las garzas que cantan lo que escuchan
las minúsculas terrestres
que marchan
en líneas y en escuadras
las que giran
en la danza de la huella en luna
las que rumian
migajas
y están las bestias libres
y perdidas

En la esquinas
de los arbotantes de barro
se esconde
el semblante
de las orquídeas únicas
y el fumador anónimo de las paradas

los rabiosos que cavan hondo
sin regreso

Acá los hijos del rayo
y los rayo
y los huérfanos
huérfanos de hijo
y la fallida monja
que balbuce
y crece
con la poderosa mano que quiebra
la piedra de los sacrificios
canta
   la piedra ahora vive
   la sangre es toda fuerza
   las sombras que cruzan el umbral
   un platinado dorsal de fuego
   que refleja las estrellas y las vence.

II
En segundo
la grave voz astral
cimbra funesta
al órgano más tibio
y le parte
la cintura

en brazos apenas criados
de nimio
alcanza a internarse en los pozos

allí
se juntan los ojos
se hacen de nube
opacos
las garras sangran
los dientes crujen

dorsal
con estremecer
del rayo
dolido manto
muestra las licencias del agonizante
y del regaño único
hace
el bullicio más oculto
y grave

se halla
en lo profundo
en la voces
más libres
y en hormigueante baile
    ante las esferas del jade
    que maman el calostro de la tierra
    de cada rasgadura
    pierde vértebra
    de las raíces echadas
    deja el hueco quemado
    en ardiente y pesado paso

Mas
nada el rayo
nada el astro
ni el lacerante
ni la faz que en su más allá de moldura tuerce
y órgano que nada es ahora
sino torrente
que volverá
va a volver
cada vez

lance abismal
de ardor sal
pasado el mediodía y la tarde
nueva evocación
amarga
dulce
tormenta

deja al dios sin importancia

    boyante
    glauca

acaba
e inicia de nuevo.

III
Vuelve estrella sobre ceniza
en audaz estribillo
danza de humo
oración de los sacrificios
nube de polen de la gloria
garzas
escarabajos embriagados
sucumben
—los primeros—
pudientes
rígidos
bravos
fríos
todos espejean
de Sí mismo
cimas
de hastío
con sonrisas de muerto
veneno de verdad
Sólo pequeñas
grandes alas plumas
escamas
siguen danzando
sin sus dueños
y esta danza mínima era espantosa para sus propios
verdugos
clamantes de lo quieto

pero quién le quita el compás del baile a un cadáver
quién le dice a la noche
no salgas
no te pintes

En palabra
fincaron ángulos
y de arquitectura
su dibujo
la continua línea de las prisiones
bóveda encasquilla
manivela tuerce
aprisiona
Miraban a su cargador de lo imposible
—la jadeante cría de las limosnas
De las ternuras
—impávidas
sin horizonte—
con ilusión de muerte
nutrieron su eco
por tiempos

hasta en luna formaron
trance
marcaron su impropiedad
 indefinieron su esclavitud
Desagradecidas
las formas de amo
de lóbregos
rompieron rompen ahora
cornisa

columna
y ángulo
para la corte
de los juiciómatas
de los juiciómetras

En la persistencia de la luz grave
han quedado
pedazos
que de pronto chillan
se hallan
y examinan
con lupas de audaces
polvo piedra que hace polvo
y chispa y brea
y trazo y lanza y línea
nivela
y vela
torres de hermanos
mismos ahora mismos
enjambres sobre
espaldas de madrehija
ojo-puños que cantan
la victoria de la muerte
gallardean
a la horadante

Por un tiempo
de semillas
nada
   sólo frutos de danza agria

en lo que tarda el dominio
en despojarle
arremolina
en la venganza vertical
un apetito de sórdidos
grises
Un
APLASTAMIENTO

Los misterios del alto ordenan
 ¡Sequedad!
 maniobras del
 Ges-tell
 computante
 maquínico

 Diques
 circuitos entripados colman
 y forman la
 nueva
 bóveda celeste
 tiran tormentas remendadas
 la máquina resuena

franca lisa claridad

 angulosa y contenida
 espera

 emplazada emergida diseñada

mano brazo de animal
calculado
brasa
brazo de costra
varillada
aluminada
asegurada

anulación
cubos cíber códigos
arcos
de tensado porvenir

Ya sabe
la inteligencia
anticipa los caminos
en espectro de rastro
sinapsis
diagnostica codifica
arrincona
¡Das Ges-tell!

Mano de
corazón
mano de
sangre
entripada
en circuitos

Di-que

En trampa
corteza mineral
cofre anguloso
para
el que camina
en su vértigo
conjura
idea
setecientas
ochocientas
milésimas miles
ahí
ya

nombra
quita manto
ya
das Ges-tell

ahí ya lo
pro-vocante
dique ya
carga flujo del
Lethe
y
cólera
de áspera
  im-posición/posición-total
  se distribuye

palabra
hundida

hundique

Sustrato de

palabra

en profunda

grito

¡Energías!

POEMAS DEL AGUA

I
Cuánto menor

¿Cuántos fulgores no
incendian el camino
de las playas?
¿Cuántos hilos de agua no
corroen los metales
y el sólido
corazón
del astro?

De tormentas dibujan
de los pasos estiran
de la marca incendian
de las trenzas aceradas escupen sueños
de la reglas distienden
                localizan
                y se pierden en el mediodía

y vuelven
en las eternas noches
del presente

Imagina el ardor
en mano
en trenza
y despedida
de muscular un ritmo

Brazo en paralelo de
aquellas cuerdas
que todo lo alcanzan
todo lo sangran
¡cenital!

de pura maleza serpenteante
de batallas y volcaduras

A cada oleaje
corresponde
una marea
El océano en su vertir
el cielo extiende
y es encuentro con otro océano
ya sin cielo

un simple intento
de exiliarse
desdoblarse
de los ángulos

Sale
asoma
tiende
desborda
parte
rompe

Ningún
ella misma
fuga
pura acuosa

vuelca

y de palpitar

en más allá de horas

sin monumento
ni inclinación

en vertida
alzada
desdoblada
mordida
savia
salivada
descansa
pauta
noche
En dibujo
cálido monzón
larga trenza de nube
ahora en tierra
            con inercia de galope de polizontes nacarados
piedra pato que corona los terrones
con alas de aventura

se dirá se dirá se dirá
  otra vez el agua
  para sorprender el propio circuito
   en hacer
  la verbena vaporosa
  con apenas sonido

  Otra vez otra vez otra vez
  Panza
  en bamboleo que distiende
  aguaceros
  y rayos
  y el limen de cada gota
en otra otra
      cartografías
      de los mil posibles
      y así
      en generaciôn de muérdagos y tallos
      bien ora lenguas de dragón
      ora pared de trepadoras
      o robles
      ora barcos rompientes

  de viajeras
   gotas iniciales
   gotas circuitadas
   valientes cortocircuitadas
   que arman y desarman
   vuelven a armar sin
   agolpan
   deseo

en lo bajo
  como inercia
  de espirales de apetito creador
  de musculosa floresta
  articulada en órganos
  de umbral
  y en oscuros
  serenos
  lisos
  desprendimientos
  distribuyen su matiz
  de espuma.

II
De sombra
amanece
en circuito
callejones de salitre
pantanos del anfibio máscara de agua
yerba tronada
fruta amarilla
negra púrpura
cabellos en extensión
con aceitado fino
de valiente provinciana
que se la juega en el valle
con dulce trapo
y cartucho
    piel tejida
    cuenta
    la derrota de los astros

bullicio
en los baños de la perseguida
palabra
cántaro inquieto de manos limpias
cánticos sobre rémoras de la amiga
 —le cuidan del hartazgo
    con el baño suave
le hacen los chongos de la mañana—
En crecientes

con semillas picantes y agrias
    con pulposas y algodonadas fiestas
las natas de sus orillas
sus sapos güeros
sus panes de alga
de gajo
ahí las tramas adversarias
apiladas una sobre otra
calientan pecho
espalda reposan armas
    Las piedras que se raspan en el agua
    arden por dentro
levante
jueces del circuito
escuchan
por coro
melodías
dulces y crueles

Coro
Eurídice bésame de sal la sal
dame la piedra perfilada
de esas manos del amante florentino
o una ráfaga de tu aliento
hasta la última alzada viviré
que nunca me alcance sentencia
te he levantado
en tu tela esmeralda
mostraste
apenas los muslos
y tobillos

como aquella
sentada
en yerba

tú sentías la función de la dicha
y yo miraba
la dicha

en la curvatura de los tres cuartos

En esa última mirada
nos jugamos el tiempo.

SÍNTESIS DISYUNTIVA

I
Prismas
      canales
      abrazados de selva
      en ceñido arte de arácnido
      racimos
      ricino
      habitar de jaguar
      inclinación de las águilas
      que se preparan para la batalla del vértigo
      retorno de serpientes de agua
      alboroto de corales
      balbuceantes sobre la arena

    volar de sombra espuma alada

      punto en un caballete
cuatro pasos que circundan hasta estallar en el límite de lo seco
graciosa pompa de superficie
      caricia de riesgo
      pero caricia
      escamada piel profunda
      el resguardo de la luz en el volumen de la tierra
      estruendo líquido de peces plata

      según el soplo angular
corrientes de sardinas lux
      escamas de la piel profunda

ahí los dedos
sólo los dedos

bajo ese manto
todos los héroes se derriten
un dejarse caer todo
hasta el cachalote
Ese mirar debajo de
translúcido

en convulso
intensidad de toda presión
encuentro con mares intestinos
goteo de sangre
de sal
de sangre
perturbación de cielo
mar cenital
todos los vientos lluvia
un querer todo salir todo cubrir todo empapar
de la forma Madre
todas las orquídeas en una tormenta
dinámica torrencial de la crisálida
baile y ligereza que disuelve
deviene
        perfumada
        como insecto que cae amante
        como tiza que ejerce punto
        como la anclada suerte del geómetra
        que barre la forma

En trazo recostado levanta
vértice de pedernal
fósil

    De mano
    forma el altar de la diosa de Nemmio
    hiere como espina de rabia

    De pico y pata
    equivocado y alto nido

    De garra
    el juego de la más hermosa bestia

      Del amante lunar
      el cuerpo todo

Simiente de coral

      De máquina sólo manos

zumbidos extrañados en torno

    a un imposible rostro

      pérdida sentida
      e ignorada

    inquietud indefinida

    en joven

criatura de sangre

en viejo ardiente

de pleno mirar opaco

En ramas
de fuego aéreo
caer
y volver a caminar el humo quedado
del hecho
padecer de nuevo
y lamentar
la poderosa ternura
y asfixia
de los pechos juguetones

La debilidad por la pregunta
¿quién?

      pasajero que no acaba por decir algo
mudo de origen

Pensar de todo tiempo

de reconquista
mero tiento
     porvenir entero
páramo de las tenues luces
que se borran al amanecer

Se han parido hendiduras de cielos bajos
y un recostado surtidor da pecho
a los sustratos
nutre
en profundidad
la inauguración
del invertido cielo

    abrigo de serpientes

con movimientos simultáneos

    volcanes de microbios manando auroras
    caminantes rumbo a cimas de relieves
    gitanos beben
    el néctar prieto de los magueyes

    ¿Astro
        de qué eres sombra?

II
En vaivén

       palabra curva
       vocal curva
       sonido
       cuatro cardinales
        se recuestan
       deslizan

emerge
culmina
retorna
abre paso
  y anima

       (allí el polvo
       fragua
       la amistad del entierro)

queda y no queda
siempre pasa
y anda
no un polvo
ahora

vaga (vago)
ardor
fulgor

en rayo
tenue
sesgado
que brinda

cascada de puro calor

cama de las piernas encordadas
transparencia del cansado esfuerzo

jugo

salto

la música
sin el gong
sin los metales

de aire

en la elipse
tremor

la intensidad

cuela en vacíos de cuerpo
fundante

Torcedura
abre el festín de curvas
     la Gran en la que lloran los alegres
     bailan los amargos
     palpitan los peces
     encaraman
     en hebra
     clavan minúsculas dentadas
     en el plexo de piedra

      la empecinada que por fin agrieta

     Del hueco
     rápidamente nacen
     pasitos de anuncio
     con estiramiento del hermano de Venus
     y ojos que alcanzan
     la textura del ave corva
     que aparece y desparece

     mascada de repentina
     en el latiente clava su signo
     lo viste
     de movimiento pleno

ya nada de él

     Las hiedras pasan
     encaraman
     dan visita
     Cientos de miles

enganchan su ruido en las desbandadas
de la ambulante
hasta el día
en que suspendida
queda

Con el carmín
la palabra sin el nombre
 con la gratitud de mirarle
en minúscula
escuchar sus gritos
y el juego de su creación

El ansiado tema
en vertiente de jardín
madejas de higuera
cúmulos de zarzas
encuentros aéreos
y poblados
bajo la contundencia de la muerte del coloso
que de nuevo nace en el infierno de la aurora
como burla a los atormentados

Pero en el rodeo de vértices

que se agrupa con las líneas poste
en el alto y en el bajo
la espectral
aquí y allá
con risas salto
y desliz

matina noche
de puertas llaves
trituradora
relámpago
quieta
contigua
brota
como huella
  incendio luego
  mar de tierras ahora
        la cabeza consume
        el caminar nutre
en flujo
mineral
desprendida de
no dios
elemental que se eleva baja
de facilidad
de pasos sobre esponja
  humedal

        y sobre cruz
        y sobre cuerda y el cadáver del último cruel
        y sobre montaña
        y cráter
        y sobre cortante bajo muy bajo tan bajo
        que de paso enturbia el mangle
        cadenciosa entibia
        con burbuja
        de volar y precipitarse
    holganza
        lentejuela

que circuita la rugosidad que pervive en el agua
de la que abreva el escándalo de los monos
el rastro de los leones concha
elevada falda verde negra del xanat

¿Hacia dónde irán los cielos
en tan bajo mudar de piedra?

Boca de musa que perfila
destrucción de los preciosos del mineral
de planetario y áureo ejercicio
que nunca fue
y que es
un montículo del suave polvo
depositado en la medianía del manto de piel
suerte
de mascullar ojo
de proyectar dedo
de tremendar muslo
de alzar tormenta
resquebrajar yugo
bolsa
pelo
palma amplísima
vena
fuera de cabales
dislocada de carne
de ónix como de muérdago
anfibia
sueño de coyote
capa de bruma
luz de bruma

luz en bruma

y va va va
    en los muelles

    agitada
    chupando el agua
    y besando
    antes de sucumbir

torcida escapa
va
más acá
del sol
y no como sol
no en esa magnitud

un más aquí

    con negra espalda
    con siembra de granos y ubicaciones
    números
    en más acá de plataformas brillantes
    y en captura
    de verdades
    (amargas y graves verdades
    con noble rostro quedan fuera)
    quién
    retorna
    niña vieja espectral
    va y viene

y se extraña
alcanza
de cumbre a cumbre salta y baja
se envuelve
retuerce
otra vez
  y lanza
sigue pero vuelve
se esparce
abraza
luz de tierra
amplifica su tendencia y extiende
piel de más
espejo
y baja baja baja y anda
en profunda oscuridad
afuera
  se extraña
y bebe
boga
se oculta
y tuerce

Ella
esas
esa
era
es
la
vida.

ÍNDICE